Sim Mamãe, Sim Papai

Supervissão geral:
Gustavo L. Caballero

Capa:
Equipe técnica Editora Isis Ltda.

Diagramação:
Toñi F. Castellón

ISBN:
85-888886-20-0

Proibida a reprodução total ou parcial desta obra, de qualquer forma ou por qualquer meio eletrônico, mecânico, inclusive por meio de processo xerográfico, sem permissão expressa do Editor (lei n° 9.610 de 19.02.98)

Direitos exclusivos para a língua portuguesa reservados pela

EDITORA ISIS LTDA.
www.editoraisis.com.br
contato@editoraisis.com.br

Matt Pasquinilli

Sim Mamãe, Sim Papai

Editora ISIS

Índice

Agradecimentos 9
Prólogo 11
Introdução 15
Adquirir confiança 21
O enfoque 31
A comunicação 41
A autoregulação 49
O Respeito 57
A Liderança 61
O êxito 67
O perdão 73
A verdade e a sinceridade 79
A comunidade 83
A visão 89
Sobre o Autor 93

Este livro é dedicado às crianças

Agradecimentos

Obrigado, papai e mamãe, por serem um exemplo de amor e de atenção desinteressada.

Obrigado o meu irmão, Andrew, pelo seu apoio e seu compromisso.

Ao Mestre Choi, por sua orientação e sua sabedoria.

À senhora Choi, por sua inspiração e por seu espírito livre e independente.

A Carrie Haley, por seu apoio e pelo estímulo que me tem dado.

A Debbie Plasterer, Carolyn Zengel, Lou Gasaway, James Kim, Lisa Wood, David Bailey, Chris Bonnette, Tim Stanforth, Tim Boyer, Kenny Gruel, Mike Scarborough, Amy Lauck, Andy Skeen, e aos numerosos instrutores do OMAC que são meus irmãos e minhas irmãs neste trabalho.

Também quero agradecer ao Prof. Kennedy, ao professor Calin e ao professor Ho Kim que me guiaram com seu exemplo de compromisso vitalício com a aprendizagem. Liz Schroeder, sem ti, este livro não teria sido possível.

Obrigado por tua fé e por tua amizade.

Prólogo

Há alguns anos li um livro intitulado "O Homem que sussurrava aos Cavalos". Emocionou-me a maneira amável e compassiva com que o personagem principal se comunicava e cuidava de um cavalo acidentado e traumatizado. Anos após, conheci um homem que, utilizando um sistema muito simples de comunicação, ajudava as crianças e os adultos a concentrarem-se melhor e a evitar o sofrimento emocional desnecessário.

Em setembro de 1999 entrei pela primeira vez na escola local de artes marciais com minha filha de sete anos, muito desejosa de preparar-se e enfrentar aquele novo desafio. Apenas acabara de transpor a porta, senti-me invadida por uma sensação de calidez. Enquanto esteve em aula, desenhou-se no rosto da minha filha um amplo sorriso que conservou durante todo o tempo em que ali permaneceu, embelezada pelas agradáveis instruções do professor. Ao sair, estava radiante e um tanto surpresa por ter sido capaz de seguir as instruções e de aprender com tanta rapidez. A compaixão que fluía do Prof. Mathew Pasquinilli inspirava extraordinariamente todos os seus alunos.

Depois de observar, durante um mês, o desenvolvimento e as mudanças que minha filha ia experimentando, graças às suas aulas de artes marciais, senti o desejo de conhecer algo mais da filosofia que Matt praticava. Marquei uma entrevista com ele para que pudesse instruir-me em seus ensinamentos e para falar-lhe da crescente paixão da minha filha pela disciplina que ele transmitia. Estive ouvindo-o falar de crianças durante 2 horas e intrigou-me seu profundo conhecimento do espírito humano. Enquanto me explicava suas crenças e suas técnicas, podia sentir na sua voz a honestidade e a devoção. A amplitude dos seus conhecimentos deixou-me sem palavras. Naquele momento decidi que minha outra filha, de quatro anos,

_____ Prólogo

também devia desfrutar daquela experiência. Observei como minhas filhas aprendiam o significado do perdão, da compaixão, da lealdade, da dedicação, como aprendiam a diferença entre disciplina e autodisciplina, o autocontrole, a paciência e o respeito pelos pais e irmãos. Qualidades e condutas, todas elas, que eu me havia esforçado por ensinar-lhes em casa e também era muito grato que as tenham ouvido de outra pessoa. Fiz notar às minhas filhas que superavam problemas físicos e mentais sob a orientação de uma alma bondosa. Fiz observarem as crianças privilegiadas que adquiriam confiança em suas atitudes sociais. Observei como crianças adotadas e vítimas de abusos aprendiam a sorrir e a comunicarem-se. Observei que as crianças que corriam bruscamente pela escola, aprendiam pouco a pouco a tranqüilizarem-se e conseguiam concentrar-se com facilidade. E também vi como os pais, incluindo-me a mim mesma, aprendíamos a ser melhores pais. Matt sente uma intensa devoção por seus alunos, compreende o verdadeiro significado do indivíduo e trata a todos e a cada um com o mesmo respeito. Crê plenamente em cada aluno e isso lhes permite progredir e crescer constantemente. Sua persistência e sua dedicação a sua própria mudança interna permitem-lhe ser um instrutor e um professor extraordinário. Sua paciência e sua compaixão são onipresentes.

Sua profunda e natural compreensão do núcleo da natureza humana permite-lhe falar diretamente à alma, tocar o coração e chegar à criança que todos trazemos dentro de nós.

Seu sistema de comunicação é como um sussurro. Ele é "o homem que sussurra às crianças[1]".

Liz Schroeder.

---

1. A versão original deste livro intitula-se "The Child Whisperer", ou O homem que sussurra às crianças).

Introdução

A forma pela qual nos comunicamos com nossos filhos determina o tipo de adultos em que se converterão, quando crescerem. A comunicação é algo em que não estamos acostumados a pensar em como o fazemos.

Os métodos apresentados neste livro foram resultados de uma constante observação de como reagem às crianças com a linguagem que, nós, adultos, usamos para nos comunicar com elas.

Cada capítulo contém alguns poucos parágrafos que definem o conceito e o método necessário para melhorar a comunicação. Procurei fazer com que as descrições sejam muito breves para que o leitor não se sinta aflito com palavras e possa entender rapidamente o método e os pontos principais de cada conceito. Depois de apresentar o método, compartilho uma anedota, recolhida do meu convívio no trabalho com as crianças. A intenção é de que esta anedota ilustre a forma de como aplicar o método. Em alguns capítulos também incluí uma lista de ferramentas úteis na aplicação do método de uma maneira simples.

Considerando que a confiança e a auto-estima afetam profundamente nossa forma de comunicar-nos, este livro mostra formas de comunicação eficazes, expondo algumas verdades sobre a confiança e sobre como melhorá-la.

O segundo capítulo trata da capacidade de concentração ou, o enfoque. Falo da capacidade de concentração como uma aptidão, porque todos nos somos capazes de concentrar-nos. Conseguir que as crianças se enfoquem na coisa adequada, no momento adequado, melhorará seu rendimento escolar e aumentará sua capacidade de ouvir os adultos e de comunicar-se com eles.

O capítulo 3 descreve como nossa maneira de falar aos demais afeta nossa maneira de falar a nós mesmos.

Devemos usar a informação deste capítulo para discernir as pautas de comunicação que usam nossos filhos, entendendo que, melhorando-as podem melhorar suas vidas.

O capítulo 4 apresenta o conceito de autoregulação como uma ferramenta que permite ao seu filho evitar os problemas derivados dos erros cometidos ou da falta de bom juízo. A auto-regulação é um conceito muito popular em psicologia, e neste capítulo, descreve-se um método simples de aplicá-lo.

Uma criança respeitosa é apreciada pelos adultos.

No capítulo 5 defino o tipo de respeito que deve mostrar a conduta da criança, insistindo no fato de que definir o respeito permite às crianças incorporá-lo ao seu comportamento.

O capítulo 6 trata de termos de "aconselhar" com o exemplo. Criar e educar as crianças exige de você exibir todos os traços de caráter e as atitudes que deseja que tenha seu filho. O modelo de liderança que se descreve neste livro pede-lhe que olhe a si mesmo e que analise seu próprio comportamento em busca de sinais que seu filho poderia imitar.

No capítulo 7 defino o êxito tal como o entendo. Nos Estados Unidos e em muitos países ocidentais, o êxito costuma ser definido como a conseqüência de um objetivo que alguém propôs a si próprio. Tal como eu o entendo, porém, o êxito tem mais a ver com o percorrido do que com a chegada ao ponto do destino.

No capítulo 7 definimos o êxito como o reconhecimento do progresso realizado. O perdão das tuas próprias falhas e fracassos é a chave da felicidade.

O capítulo 8 leva ao esquecimento dos seus erros e a considerá-los tais como são. Cometer erros faz parte da vida humana e, se luta por ser perfeito, estará negando sua própria humanidade. Além do mais, seus filhos tomam sua conduta como modelo, de modo que, se não se perdoa a si mesmo, isso é o que eles aprenderão.

No capítulo 9, tentei definir a verdade e a sinceridade. Devemos empreender o caminho do entendimento e do conhecimento da verdade, ainda que nossa condição humana nos impeça de completá-lo. Podemos esforçar-nos para compreender a verdade, vivendo o mais sinceramente possível, mas temos que estar dispostos a perdoar-nos algumas vezes quando nos desviamos do caminho.

Todos estes conceitos e métodos não funcionam a menos que os apliquemos junto com outras pessoas.

O capítulo 10 descreve o valor do grupo, da comunidade e como podemos estruturar uma comunidade que apóie nossos filhos e que nos dê apoio a nós mesmos.

_____ Introdução

Concluo o livro descrevendo minha visão da aplicação destas técnicas e métodos em nossa sociedade. Nossa sociedade segue megatendências que são difíceis de discernir quando estamos imersos nelas.

Entretanto, com nosso esforço, podemos dar a nossos filhos uma vida menos dolorosa, mais livre de sofrimentos emocionais.

Capítulo 1

Adquirir confiança

Adquirimos confiança quando demonstramos nossas habilidades para fazer algo. A confiança surge do aplicar uma aptidão que viemos desenvolvendo com a prática. E adquirimos uma aptidão depois de termos aberto nossas mentes à possibilidade de desenvolvê-la. Para abrirmo-nos a esta possibilidade, temos que liberar-nos de qualquer crença que tive anteriormente. Prescindir de algumas das nossas antigas crenças é uma maneira de limpar-nos física e emocionalmente.

O primeiro passo para adquirir confiança é limpar-se. Nosso corpo limpa-se mediante o suor, a respiração, a eliminação (ir ao banheiro) e o desprendimento do tecido morto da pele. Favorecemos esta limpeza mediante o exercício vigoroso e assíduo. Também favorecemos a limpeza emocional mediante o exercício físico, pois libera componentes químicos que equilibram a adrenalina. Uma boa respiração também favorece a limpeza emocional, oxigenando o fluxo sangüíneo que irriga o cérebro.

Depois de limpar nosso corpo e nossa mente, devemos aprender a pensar, a falar e a agir. O exercício permite-nos treinar nossos corpos para que respondam ao estresse respirando profundamente, mantendo uma postura correta e desenvolvendo a capacidade de estabelecer e manter o contato ocular. É possível aprender novos métodos e técnicas que melhorem nossa saúde emocional e nossa auto-imagem, encontrando novas maneiras de vermos a nós mesmos e de ver os papéis que desempenhamos na vida.

Para que estes métodos e técnicas convertam-se em atitudes consolidadas, devemos praticá-los assídua e diligentemente. Este treinamento condiciona-nos a um nível muito profundo. Por exemplo, as células do nosso corpo não conhecem a diferença entre o estresse físico e o estresse emocional. Isto significa que podemos treinar nossos corpos para que respirem de uma

Adquirir confiança

maneira determinada em resposta a grandes tensões físicas geradas pelo exercício, de modo que, quando experimentemos uma quantidade de tensão emocional equivalente, o corpo adote essa mesma respiração de maneira natural, reduzindo, deste modo, o nível de estresse.

Depois de desenvolvermos uma aptidão, devemos aplicá-la, a fim de comprovarmos nossa destreza. Se educarmos uma criança para que se concentre no trabalho escolar é a concentração leva-a a conseguir as melhores notas da sua vida, é prova que desenvolveu a capacidade de concentração e a melhora das suas qualificações. Para um empregado que ensinou seu corpo a reduzir o estresse mediante a respiração, a prova do êxito pode consistir em que seu chefe reconheça que mantém a calma nos momentos de tensão. O resultado poderia ser uma ascensão ou uma melhora nas suas percepções econômicas.

DEPOIS DE APLICAR-SE ESTE SISTEMA,
UMA CRIANÇA DEU UMA SUBIDA DE 38 PONTOS NO SEU
COEFICIENTE DE INTELIGÊNCIA.

Fazendo uso dos quatro passos necessários para fomentar a confiança, delineamos um programa que combina certo sistema de exercícios e de movimentos de artes marciais com um método especial de ensino. O propósito deste programa é ajudar tanto as crianças como aos adultos a mudarem seus sentimentos para consigo mesmos, levando-os como conseqüência, a produzirem um impacto social positivo.

Uma psicoterapeuta local enviou-nos um grupo de crianças adotivas, procedentes de famílias de baixa renda. Eram todas crianças que haviam experimentado algum tipo de abuso físico, emocional ou sexual. Muitas apresentavam pontuações muito baixas nos testes de inteligência e a psicoterapeuta atribuía esses maus resultados ao fato de as crianças sentirem-se incapazes de superar os sentimentos de baixa auto-estima e falta de valorização. A terapeuta pensava que aquelas crianças poderiam melhorar muito seu resultado, se conseguissem dominar a tensão que sentiam por ter que completar o teste de inteligência num tempo limitado.

Todas as crianças do programa pareciam de inteligência média, mas suas pontuações definiam-nas como deficientes mentais. Quando lhes foi passado o teste de inteligência pela primeira vez, o superintendente tomou nota dos seus comentários e da sua linguagem corporal. Algumas das crianças diziam coisas como: "Sou demasiadamente estúpido para fazer isto", ou tentavam levantar-se da mesa e negavam-se a continuar. Consideramos que estas atitudes eram produto da sua educação e pensamos que poderíamos mudar as pautas de conduta que os impediam de obter as pontuações adequadas.

Aplicar o primeiro passo, a limpeza, supôs todo um desafio, porque as forçava a sair dos seus níveis de acomodação. Isto significava que podiam chorar, ameaçavam o professor, gritavam e usavam uma linguagem corporal inadequada para expressar suas emoções mas a continuidade deu resultado. Depois de seis semanas, por meio de exercícios vigorosos, as crianças foram capazes de mudar sua conduta condicionada. O exercício fê-las suar e respirar mais profunda e completamente. Ele preparou-as para o passo seguinte. Quando os alunos foram capazes de abandonar suas antigas pautas de conduta e deixarem para trás seus complexos de inferioridade, foi-lhes ensinado reduzir o estresse, tornando lenta a respiração e usando as técnicas de concentração que se descrevem no capítulo seguinte. Assim aprenderam a lidar com a tensão que lhes produzia o teste, mas tiveram que continuar praticando as referidas técnicas até que estas se converteram na resposta natural dos seus corpos.

O treinamento físico para assimilar estas técnicas consistia em correr muito e fazer outros exercícios vigorosos para depois deter-se e controlar a respiração e os movimentos corporais. Esta etapa da formação é monótona e pode tornar-se aborrecida para a criança.

Em lugar de castigá-la, usamos reforços positivos e abundantes para animar os nossos alunos. Este planejamento positivo, orientado para a autodisciplina, permitiu-lhes amadurecerem as técnicas até convertê-las em hábitos. O último passo era aplicá-las.

Nas artes marciais rompem-se tábuas ou ladrilhos para demonstrar que um aluno aprendeu a aplicar uma técnica física. Para provar para aquelas crianças que as novas técnicas de respiração e enfoque funcionariam perfeitamente, quando realizassem os testes, pedimos a elas que as aplicassem quando tivessem que afrontar alguma tensão emocional. Usando um informativo que devia ser preenchido pelos pais e uma folha de avaliação com que deveriam cumprimentar os professores, selecionamos uma ou mais condutas impróprias de cada criança e lhe demos um breve período de tempo para reconduzir a referida conduta, utilizando as técnicas que haviam aprendido. Um dos meninos batia na sua irmã, quando ficava aborrecido; pedimos a ele que aplicasse o controle físico e respiratório para expressar e controlar sua ira, quando reconhecesse que estava mal humorado.

Uma outra menina de três anos estava preparando-se para testemunhar perante um tribunal contra o homem que a havia violentado; pedimos-lhe que usasse a respiração e o contato ocular para controlar seu medo e poder declarar contra seu agressor. Na medida em que

Adquirir confiança

as crianças conseguiam seus propósitos, que eram as provas do êxito obtido, aumentava sua confiança em si mesmas.

Quando lhes foi administrado o segundo teste de inteligência, todas as crianças que haviam participado assiduamente do programa conseguiram resultados notavelmente melhores. Um dos meninos teve uma melhora de trinta e oito pontos; esta melhora o elevou da classe de meninos atrasados para uma classe mais avançada.

OS QUATRO PASSOS PARA ACUMULAR CONFIANÇA E GERAR MUDANÇA DE CONDUTA SÃO:

1. Limpeza:
    Suor;
    Respiração;
    Eliminação dos resíduos digestivos;
    Liberação emocional.

2. Aprendizagem:
    Incorporação dos medos necessários para mudar a conduta e ter êxito;
    Novas formas de trabalhar o estresse;
    Três respirações lentas e profundas;

Postura correta;
Autocontrole físico;
Sorriso forçado;
Novas crenças e informação (descritos nos capítulos posteriores);
Aprender a enfocar:
    O contato ocular;
    O controle corporal;
    A concentração mental;
Comunicação apropriada;
Linguagem não emocional;
Falar honesta e sinceramente;
Dar informação em lugar de fazer acusações;
Definições de respeito segundo cada relação específica;

3. Treinamento:
Consolidação de habilidades;
Prática ou repetição das técnicas aprendidas;
Condicionamento do corpo através do exercício.

4. Aplicação: sistema de autoavaliação que se descreve nos capítulos posteriores:
    As aptidões aprendidas e praticadas agora se convertem em capacidades consolidadas;

Provas do êxito obtido;
êxito definido como reconhecimento do progresso realizado;
As três perguntas à autoregulação: "onde estou?" – determina as regras que devo seguir.
"O que se supõe que devo que fazer." - define as regras que vou seguir.
"O que estou fazendo?" "Estou seguindo as regras?"

Os 5 pontos do sistema de auto avaliação;
— Um ponto por fazer o que tem que ser feito;
— O segundo ponto por manter o contato ocular;
— O terceiro ponto pelo controle corporal;
— O quarto ponto pela concentração mental;
— O quinto ponto por respirar de uma maneira que lhe permita manter-se focado.

Capítulo 2

O enfoque

A capacidade de prestar atenção ao que estamos fazendo, costumamos chamar capacidade de concentração ou de enfoque. Se nos distraímos com facilidade, poderemos pensar equivocadamente que não somos capazes de nos concentrar em alguma coisa. Não obstante, o que ocorre na realidade, é que, em vez de concentrarmos no que queremos enfocar, estamos nos concentrando em outra coisa. Se no boletim de notas de uma criança lemos "não se concentra" ou "falta-lhe concentração", a definição do que é estar enfocado ou concentrado em algo deveria ajudar-nos a encontrar uma solução.

No enfoque ou concentração existem três áreas básicas. A primeira é o enfoque dos olhos, o contato ocular. As crianças nas quais se diagnosticou uma desordem de déficit de atenção (DDA), ou uma desordem de déficit de atenção por hiperatividade (DDAH), com freqüência têm dificuldade para manter o contato ocular durante longo período de tempo. A pessoa muito distraída costuma ser aquela que olha continuamente ao seu redor, a que olha para tudo e não se sente confortável vendo uma coisa durante muito tempo. O primeiro passo para ampliar a capacidade de atenção de uma criança é, pois, treiná-la para que enfoque seus olhos na pessoa ou na coisa à qual tem que dar atenção. A segunda área é o controle corporal ou enfoque corporal. Para sermos seres humanos sadios necessitamos mover nossos corpos. Alguns meninos e meninas têm a necessidade de mover seus corpos com mais freqüência do que outros e se destacarão numa sala onde as demais crianças não necessitam mover-se tanto. Independentemente da razão que os estimule ao movimento, é possível treinar estas crianças mais ativas para que controlem seus corpos, liberando o estresse acumulado durante a inatividade.

A respiração é um modo natural de aliviar a necessidade de mover o corpo e pode ser aprendida e praticada por qualquer criança ativa.

Após a criança ter aprendido a estabelecer e manter o contato ocular e o controle corporal é preciso ensinar-lhe a enfocar a mente e faze-la praticar. O enfoque mental é uma consciência mental básica, é a capacidade da criança para pensar sobre o que está fazendo, ouvindo ou dizendo. A ferramenta usada para desenvolver e aplicar esta habilidade é a autoregulação. Uma resposta adequada ao pai ou ao professor, como um 'sim, mamãe', ou um 'sim, senhor professor', dá-nos a medida da atenção que a criança prestou ao que disse o adulto. Quando se trabalha com uma criança muito distraída, pode ser necessário pedir-lhe que repita parte do que lhe foi dito. É importante recordar que o enfoque da mente estará mal orientado se a criança não estiver olhando o adulto ou o que estiver fazendo, ou se algumas partes do seu corpo estiverem movendo-se rápida e constantemente.

Para manter o enfoque e incrementar o campo de atenção, faça com que a criança respire lenta e profundamente. Isto lhe permite aliviar a tensão acumulada pela dificuldade que ele terá em estabelecer contato ocular, por ter de manter-se imóvel, em pé ou sentado e pelos fatores mentais como o aborrecimento ou o incomodo emocional. Quando respiramos, os pulmões enchem-se de ar, o que faz com que levantemos as costas e com isso nosso sangue se oxigene. Como é difícil respirar profundamente, enquanto movemos a cabeça, a respiração profunda faz com que mantenhamos a cabeça erguida e, portanto, que os olhos olhem para frente. O sangue oxigenado relaxa os músculos inquietos, ajudando a acalmá-los. A concentração mental melhora quando o cérebro recebe sangue oxigenado e refrescante. A regra que propomos é fazer três respirações lentas e profundas antes de começar a conversar com uma criança.

UMA CRIANÇA DE CINCO ANOS FOI CAPAZ DE APRENDER MULTIPLICAÇÕES SIMPLES EM CINCO MINUTOS

Nos intervalos entre as aulas aproveito para falar com as crianças que estão obtendo maus resultados escolares. Agrada-me propor-lhes perguntas que lhes permitam avaliar suas próprias habilidades. Havia certa criança cuja conduta em aula estava criando-lhe problemas. Sua professora do maternal havia enviado uma nota aos seus pais contando-lhes como molhara o cabelo no lavabo e havia sujado todo o chão do banheiro Perguntei à criança por que havia ido ao banheiro e disse-me que não lhe agradava estar em aula porque era torpe e não sabia fazer o trabalho que lhe fora pedido. Estivemos falando de como usar sua capacidade de enfoque para melhorar sua compreensão e sua assimilação das matérias que lhe ensinavam. Para dar-lhe um exemplo, perguntei-lhe, como um favor pessoal, se estava disposta a aprender a multiplicar. Depois de explicar-lhe o que é a multiplicação, dei-lhe três simples regras que tinha que aplicar para multiplicar os números. As regras da multiplicação são simples e universais e a chave para aplicá-las com êxito consiste em manter a concentração o tempo suficiente para recordá-las e aplicá-las.

Enquanto lhe explicava as tabuadas de multiplicar, mandei fixar o olhar em mim, que ficasse sentada imóvel, e que pensasse no que eu estava-lhe dizendo. Após 5 minutos dei-lhe uma folha com 15 multiplicações. Terminou-as rapidamente e depois inventou suas próprias multiplicações, que também conseguiu resolver perfeitamente. Levou para sua casa a folha dos problemas como prova do seu êxito e, a partir de então tem sido um dos melhores alunos da classe.

FERRAMENTAS QUE PODE USAR COM SEU FILHO PARA MELHORAR SUA CAPACIDADE DE ENFOQUE

O contato ocular

Quando começar a falar com seu filho, peça-lhe que o olhe nos olhos. Se, enquanto estiver falando com ele, a criança afasta o olhar, comece desde o início, depois de lembrar-lhe que olhe nos seus olhos. Repita o processo quantas vezes sejam necessárias, até conseguir que o contato ocular seja muito estável.

Enquanto a criança está trabalhando na aula ou faz os deveres em casa, o contato ocular converte-se em olhar o papel ou a coisa em que esteja trabalhando. Quando a criança está conduzindo uma bicicleta, deve manter o contato ocular para frente.

Para falar com alguém deve fazer contato visual com os olhos da pessoa a quem se dirige.

O controle corporal

Quando seu filho for capaz de olhá-lo, peça-lhe que se sente ou que se ponha em pé e que fique quieto. Detenha-se e torne a começar quantas vezes sejam necessárias até que o corpo do seu filho fique totalmente quieto durante toda a conversação.

Enquanto a criança trabalha em aula ou faz os deveres em casa, manter o controle corporal é sentar-se imóvel numa postura correta; uma boa cadeira e uma mesa de trabalho organizada favorecem o controle corporal. Se a criança anda de bicicleta, conservar o controle corporal é manter uma boa postura e fazer os movimentos corporais corretos para que a bicicleta siga rodando para diante. Ao falar com alguém, devemos manter o corpo imóvel, para que essa pessoa não se distraia. Evidentemente, ao falar com outra pessoa, não é necessário estar rígido e absolutamente imóvel, mas as crianças, às vezes giram o torso e balançam os braços, enquanto falam com um adulto; também podem pôr os dedos na boca ou tapar o rosto com as mãos. Estes gestos poderiam ser sinais de que a criança se sente desconfortável e isso distrai tanto a criança como o adulto. O autocontrole corporal durante a conversa ajuda a criança a superar sua incapacidade de expressar-se verbalmente por causa das alterações emocionais. O movimento físico é como uma válvula que permite soltar a pressão emocional; basta substituir esta maneira de soltar pressão pela respiração profunda para que a criança seja capaz de dizer o que necessita dizer.

Sim, mamãe ——————————————— Sim, papai

O enfoque mental

Peça à criança que lhe responda com um "sim, mamãe" ou um "sim, papai", quando acabar de dizer-lhe algo. Se a criança tende a esquecer com facilidade, peça-lhe que repita os principais pontos da sua exposição. Faça isto com assiduidade até que se sinta satisfeito com o "sim, mamãe" ou o "sim, papai".

Enquanto a criança trabalha em aula ou faz os deveres de casa, manter o enfoque mental é pensar na tarefa que está fazendo. Quando a criança vai de bicicleta, o enfoque mental é pensar no tráfego, na corrida ou no caminho que vai percorrendo, no lugar a que se dirige etc. Para falar a alguém, a criança deve pensar naquilo que quer dizer antes de falar e também deve pensar no se lhe está dizendo. As crianças costumam por-se em dificuldades porque reagem emocionalmente dizendo coisas que aliviam seu próprio sofrimento emocional, de uma destas duas maneiras: em primeiro lugar podem gritar ou vociferar algo desagradável, como "não me importa" ou "te odeio". O outro modo que têm as crianças de reagir diante de uma confrontação emocional é mentir ou ocultar a verdade. Peça a seu filho que tome três respirações profundas antes de falar para dar-lhe tempo de pensar sua resposta, evitando assim que diga algo de que depois poderá lamentar-se.

Capítulo 3

A comunicação

A comunicação é a chave de uma relação frutífera, e do mesmo modo que falamos aos demais, falemos conosco mesmo. Para desfrutar de uma boa saúde emocional, devemos ser capazes de falar sincera e abertamente do que sentimos, do que nos molesta e de como nos vemos a nós mesmos.

Quando nos sentimos mal conosco mesmo, experimentamos dor emocional. Nossa tendência subconsciente é fugir da dor para aliviar-nos.

Estas são algumas características da comunicação infantil, quando as crianças estão se sentindo mal: falam como se fossem bebê, choramingam, falam rapidamente e com uma linguagem corporal muito ativa, falam em voz baixa olhando para o chão, falam em voz alta e agressiva acompanhada de uma linguagem corporal que expressa enfado, ou negam-se firmemente a pronunciar palavra.

As crianças aprendem a comunicar-se seguindo o modelo de comunicação que se lhes apresentam seus pais. Quando se grita para com uma criança, a criança tenderá a gritar; quando um pai utiliza uma linguagem de bebê para reduzir a tensão de uma criança molestada ou decepcionada, a criança tenderá também a fazer uso dessa maneira de falar quando sentir tensão. Costuma-se dizer que as crianças são os espelhos dos pais e a forma em que a criança se comunica costuma ser uma imagem muito clara de como se comunica o adulto.

REPETIÇÃO DE ERROS E DE CONDUTAS INADEQUADAS

A necessidade infantil de manter uma comunicação direta e sincera é demonstrada quando uma criança repete um erro ou uma conduta inadequada ao longo do tempo. Dizer "sinto muito" costuma aliviar a tensão emocional produzida pela culpa. Se a criança se exime dessa culpa muito rapidamente, é possível que não chegue a entender plenamente o que fez, nem como evitar repeti-lo no futuro.

Quando se trabalha com uma criança que repete uma vez ou outra o mesmo erro ou a mesma conduta indesejável, pode-se interromper-lhe as desculpas e novamente dirigi-la à sua culpa. Diga-lhe: "Não me diga 'sinto muito', simplesmente não volte a fazer isto"; este é um exemplo de como se pode redirecionar uma criança até um estado mais consciente, que lhe permita fazer um esforço intencional para mudar de conduta.

A INCAPACIDADE DE COMUNICAR DESEJOS E NECESSIDADES

Quando não somos capazes de expressar o que queremos ou necessitamos, as emoções negativas amontoam-se umas sobre as outras e acabam arruinando nossas relações. Se alguém diz ou nos faz algo que nos fere ou nos altera e não podemos expressar-nos de um modo que nos permita controlar nossas próprias emoções, poderíamos acabar cortando a relação.

As crianças que não falam quando se sentem ofendidas ou culpadas, estão evitando sua dor emocional. O uso da técnica respiratória permite-nos reduzir a pressão emocional e o contato ocular abre um canal para que a criança possa comunicar-se.

AS RELAÇÕES EMOCIONAIS INADEQUADAS

Às vezes, nas aulas de artes marciais, levamos cobertas protetoras para poder trocar chutes e murros controlados uns com outros. Golpear outra pessoa, pelo motivo que for, sempre é uma questão controvertida, mas é parte essencial dos exercícios de arte marciais. Assim praticamos, para aprender o controle, para separar a dor física da dor emocional e também para aprender a comunicar-nos.

Enquanto os alunos exercitam as técnicas com um colega, nós, instrutores, fazemos um acompanhamento constante das suas ações e das suas atitudes. A um aluno que está sendo golpeado com demasiada força por seu companheiro ensina-se a dizer: "Você me golpeou com demasiada força." O companheiro deve responder: "Entendi". Isso é tudo. Dizer "sinto muito", não serve para nada; a única atitude do interpelado é, na próxima vez que golpeie seu companheiro, demonstrar mais controle.

A comunicação

Se efetivamente o interpelado exerce mais controle e o golpe seguinte não é demasiado forte, seu companheiro deve dizer-lhe: "Esse golpe esteve bom, não foi demasiado forte". Esta simples frase reconhece sua mudança de conduta. O instrutor está fisicamente presente para impor o controle se o aluno não fizer uso do autocontrole (depois que se lhe tenha dito que golpeou com demasiada força).

Se não se usa este método de comunicação, os alunos podem desenvolver uma relação emocional negativa. Neste contexto, a relação entre os alunos baseia-se numa necessidade prática. Um aluno propicia o golpe e o outro o recebe. Qualquer emoção entre ambos, originada por este fato, não é apropriada. A relação entre professor e aluno deve basear-se na mesma necessidade prática.

A relação entre aluno e professor é simples. O professor expõe uma série de conteúdos e o aluno os recebe. Em nossa aula, tendemos nos reunir em pares, o aluno esforçado e acostumado a trabalhar duro com o aluno rebelde que não se concentra ou que gosta de brincar. Se um aluno está tentando esforçar-se e a conduta do outro não lhe permite, é muito possível que se desenvolva uma relação emocional entre eles. O aluno esforçado começará a desprezar o aluno distraído, mas sem dizer-lhe nada. Em tal situação, ensinamos o aluno esforçado a dizer: "Deixe de brincar" ou "olha-me" ou "fica quieto". O professor deve fazer uso desta forma simples de comunicação para evitar que se desenvolva uma relação emocional com o aluno que mostre uma conduta pouco respeitosa.

SOLUÇÃO DE CONFLITOS NO PÁTIO DO RECREIO

"Quando me golpeias, feres meus sentimentos," ou "Não me agrada que me chames de estúpido". Esse tipo de frase são as respostas que habitualmente se ensinam às crianças para que façam frente aos companheiros que lhes tenham agredido física ou verbalmente. Esta linguagem implica uma rejeição emocional do agressor, e com freqüência causa um resultado contrário ao desejado. Então a criança culpada não é capaz de sentir sua culpa porque se sente rejeitada e deve defender-se argumentando e discutindo, mentindo a respeito de suas ações ou planejando uma reação posterior. A criança agredida afunda-se na rejeição sentida, usando uma linguagem emocional para confrontar o agressor e essa reação emocional inadequada faz-lhe sentir-se ferido.

Uma atitude mais sadia para a criança agredida é confrontar seu agressor com uma linguagem clara e livre de emoções. Poderia dizer-lhe algo assim: "Não bata em mim" ou "não fala assim comigo". Usando este método, a criança agredida simplesmente está comunicando à outra que não quer ser agredida. Deve estar sempre presente um adulto para que a outra criança perceba que as conseqüências da sua ação, isolada ou continuada, possam ser iminentes se continuar agredindo a sua vítima.

Os ciúmes e a competição entre crianças são causa de muitas reações emocionais inadequadas, e o entorno permissivo que encontramos em muitos pátios de recreio dá lugar a discussões, brigas, gritos e confrontos físicos que podem alterar a capacidade de concentração da criança quando volta para a sala de aula. A solução de conflitos no pátio escolar requer uma comunicação sincera e direta.

A chave para dissipar qualquer conflito no pátio de recreio é a informação. Ao expressar emoções dizendo coisas como: "Sinto-me ferido nos meus sentimentos quando você ..." entende-se que a ação tenha sido intencional e implica um julgamento sobre a conduta da criança agressora. Ainda que possa ser evidente ao professor que a ação de uma criança tinha o propósito de prejudicar física ou emocionalmente a outra criança, a verdadeira solução do conflito só se consegue quando toda a informação tenha sido desvelada por ambas as partes. A solução produz-se quando ambas as crianças dão e recebem informação.

Frases que criam relações emocionais inadequadas entre crianças:

"Sinto-me ferido em meus sentimentos quando você...". "Não me agrada que você..." "Pode parar de fazer isto, por favor?"

Frases que dão ou pedem informação para evitar uma relação emocional imprópria:

"Você tem..." Por que tens que..." "Você está aborrecido comigo?" "Não me... outra vez".

Esta mesma técnica pode ser usada com os irmãos que se desentendem em casa.

Capítulo 4

A autoregulação

Ninguém escolhe sentir-se envergonhado ou ser ridicularizado por seus erros.

As crianças tampouco escolhem ser castigadas por seus atos. Entretanto, para aprender os parâmetros do comportamento socialmente aceitável e não repetir os mesmos erros devemos experimentar as conseqüências da nossa falta de juízo. Devemos regular nossa conduta estabelecendo as três questões que veremos a seguir.

O que primeiro que temos que saber é onde estamos. O lugar onde nos encontramos determinará o conjunto de condutas socialmente aceitáveis que devemos observar num determinado momento para estar em harmonia com nosso meio e com nossos vizinhos. Quando uma criança está na escola, o conjunto de regras que deve seguir é diferente daquelas quando está em casa. Também durante o dia escolar, as regras são umas quando se está no recreio, e diferentes quando se está em sala aula. Depois de tomar consciência de onde estamos, devemos conhecer as regras que definem a conduta adequada do lugar onde nos encontramos. Quando uma criança sabe o que se espera dela, poderá escolher entre seguir as regras ou passar por cima delas. Muito poucas crianças passarão por cima das regras intencionalmente. Uma vez que sabemos o que deveríamos estar fazendo, devemos comprovar se o estamos fazendo bem ou não. Quando uma criança está fazendo tudo o que lhe foi atribuido, não devemos reprimi-la. Quando a criança regula sua própria conduta, elege escolher a auto disciplina.

A DIFERENÇA ENTRE DISCIPLINA E AUTODISCIPLINA

Disciplina é seguir as regras, e a linguagem da disciplina costuma ser áspera e pouco acolhedora. Para a criança ressoa mais ou menos assim: "Deixa de falar e senta no seu lugar", ou "olha para mim enquanto eu falo". Ninguém gosta que lhe digam o que tem que fazer, e às crianças menos ainda.

Autodisciplina é observar as regras sem que nos obriguem a isso e a linguagem associada a ela é o cumprimento e o reconhecimento. A autodisciplina soa assim: "Miguel está sentado tranqüilamente no seu lugar" ou "obrigado por olhar-me nos olhos quando falo com você." O reconhecimento faz-nos crescer.

Utilizando a autoregulação, a criança é capaz de escolher o cumprimento e o reconhecimento que acompanham a autodisciplina em lugar da áspera linguagem da disciplina. Os adultos desfrutam dos cumprimentos e do reconhecimento, tanto como as crianças, e a autoregulação da conduta adulta, permite aos adultos, afrontar e superar seus hábitos nocivos e as debilidades do seu carater.

NINGUÉM ESCOLHE SER CASTIGADO
POR COMETER UM ERRO

Numa ocasião ouvi uma professora dizer que seu aluno escolheu ser castigado a ter que controlar-se a si mesmo. Esta professora estava reforçando um comportamento negativo e assumia erroneamente que o aluno havia tomado a decisão de fazer algo indevido. Tomar a decisão de agir de certo modo implica que temos a capacidade de pensar no que fazemos. São muitos os adultos que não possuem o nível de presença mental necessário para realizar ações intencionais de maneira assídua, pelo que é um erro assumir que uma criança atue com um propósito, se não foi preparado para ele. O maior êxito do nosso programa produziu-se nesta área da formação.

Durante nossos acampamentos de verão que chamamos de 'Verão repleto de êxito', ensinamos as crianças a analisarem seu comportamento, traçando-lhes três simples perguntas.

A primeira é: "Onde estou?" A resposta a esta pergunta permitirá à criança, conhecer as regras que deve seguir.

A segunda pergunta é: "O que eu tenho que fazer?" Este é outro modo de perguntar-se: "Que regras deveria estar seguindo?" E quando a criança sabe o que deveria estar fazendo, deve perguntar-se: "O que estou fazendo?" Se está fazendo algo que não deveria, simplesmente reorientará sua conduta como deve.

Este método deu excelentes resultados (e mudanças rápidas) no comportamento infantil. O êxito conseguido deu às crianças a confiança necessária para aplicar o método no colégio. Várias crianças que no ano anterior não chegavam ao nível que se esperava deles no centro escolar foram capazes de melhorar muito suas qualificações depois de participarem do nosso acampamento de verão.

OS 5 PONTOS DO SISTEMA DE AUTO-AVALIAÇÃO

Quando a criança é capaz de comprovar seu comportamento uma e outra vez, passamos a um sistema de auto-avaliação composto por cinco pontos. Este sistema permite à criança definir melhor a qualidade do que está fazendo e ser recompensado quando faz as coisas bem feitas. É importante chegar a esta etapa para que o adulto não tenha que vigiá-lo constantemente.

Tomemos um exercício físico e definamos cinco aspectos dele. Por exemplo, uma das técnicas usadas para desenvolver o controle sobre o corpo físico é permanecer em pé e manter-se atento. Neste sistema de auto-avaliação, o primeiro ponto sempre se ganha por fazer o que suponha que alguém deve fazer. Em seguida damos outro ponto por manter o contato ocular, outro por manter-se imóvel na postura, outro ponto mais por pensar no que se está fazendo (enfoque mental) e o último ponto é por respirar lenta e profundamente. Se uma criança está cumprindo as 5 determinações, obtém todos os pontos possíveis; se não as está cumprindo, mudará de conduta para ganhar os pontos. É um método muito simples e as crianças respondem muito bem a ele.

Uma vez que as crianças conseguem os cinco pontos possíveis com facilidade, novos pontos devem ser acrescentados, com base nos aspectos que melhor definam a tarefa a realizar.

REVISE SUA CONDUTA ANTES QUE SEJA DEMASIADO TARDE

No meu trabalho com as crianças, estes são alguns dos cenários que uso para explicar-lhes que necessitam auto-regular-se.

"Se não te deixam ver a televisão ou brincar com teus amigos porque tiraste notas ruins, já é demasiado tarde para mudar tuas notas. Não obstante, se aprendes a revisar tua conduta enquanto estás na escola, saberás quando não estás fazendo bem as coisas e deste modo poderás mudar para fazer o que tens que fazer."

"Quando vê uma lágrima escorregar pelo rosto da sua mãe porque acabas de gritar-lhe "detesto você, já é demasiado tarde para apagar o dito, por muito mal que te sintas.

Se nesse momento examinas tua conduta, saberás que tua forma de respirar não te ajuda a controlar teu aborrecimento e assim começarás a respirar adequadamente antes que seja demasiado tarde".

Capítulo 5

O Respeito

Respeito é uma palavra bastante utilizada quando se fala de temas relacionados com a autoestima. Uma das nossas necessidades básicas como seres humanos é a de sermos aceitos pelos outros seres humanos. Quando somos rejeitados bem por nossa esposa, pelo filho, ou mesmo por um amigo, sentimo-nos atacados no centro do nosso ser.

Se reconhecermos que a falta de respeito é uma forma de rejeição, podemos isolar nossa emoção da ação ou das palavras da pessoa que nos faltou ao respeito. Deste modo, seremos capazes de comunicar nossos desejos e necessidades a essa pessoa para averiguar se suas ações e suas palavras tinham a intenção de rejeitar-nos ou não. É importante ensinar esta habilidade à criança que se aborrece facilmente com as palavras ou com as ações dos seus companheiros de escola ou até mesmo dos seus irmãos em casa.

A criança pode aprender a controlar suas emoções, usando respirações lentas e profundas, técnicas de enfoque e outras ferramentas físicas e mentais que se descrevem neste livro. Quando uma criança se queixa de que é rejeitada por seus companheiros de escola, ou por seus irmãos e irmãs, em casa, pode-se ensiná-la a falar do ocorrido sem necessidade de recorrer a uma linguagem emocional.

MOSTRAR RESPEITO AOS PAIS E PROFESSORES

Se um pai quer sentir-se respeitado por seu filho, o filho deve possuir três aptidões. A primeira delas é a capacidade de atenção, que consiste em manter o contato ocular, o controle corporal e a concentração mental. Em segundo lugar, para que o pai se sinta respeitado, a criança tem que obedecer-lhe. E por último, a criança deve ser capaz de completar as tarefas que lhe são atribuídas. Isto significa manter seu quarto limpo, pentear-se, escovar os dentes, preparar-se e ir para a cama a tempo etc.

O professor se sentirá respeitado, quando a criança aplique, ela mesma, o conjunto de regras na sala de aula. A criança deve estar atenta ao professor, enquanto participa da aula, deve observar as regras vigentes na classe e realizar as tarefas que lhe são designadas. Como é possível que nem a conduta, nem a linguagem empregada pelos pais e pelos professores constituam um modelo para a criança, prepará-la para observar as três regras anteriores lhe permitirá mostrar respeito de maneira continuada e isto reduzirá muita tensão no seu relacionamento com o adulto. Às vezes é esta tensão o que provoca a resposta negativa do adulto, expondo a criança a uma linguagem e a um comportamento inadequados.

DEFINIR O RESPEITO

Para melhorar a relação com teu filho, deverás ajudá-lo a entender um conjunto de regras muito simples, que ele possa seguir, para que voe se sinta respeitado. Pode usar a lista indicada mais acima ou podes criar tua própria lista. Faça uma analise das suas relações com sua esposa, com seus amigos, seus colegas de trabalho, seu chefe, seus empregados etc. Defina qual o nível de respeito para cada uma destas pessoas e faça uma auto-critica do que é necessário fazer para se sentir respeitado Quando se sentir cômodo com suas respostas a este exercício, guie seu filho para que ele realize o mesmo processo com todas as sua relações. Se tiver mais de um filho, este exercício será particularmente valioso porque pode usar-se para definir a relação entre eles de um modo que os ajude a ver – se é o caso – porque brigam tanto e por que se dizem o que se dizem.

Capítulo 6

A Liderança

Uma das grandes verdades a respeito das crianças é que é são produto da sua educação. São um reflexo dos adultos que as educam. Uma criança da qual se abusou abusará das crianças quando for adulto e uma criança querida quererá as crianças quando for adulto. Exercer liderança é oferecer um modelo de conduta para que outros possam converter-se nos seres humanos que nós queremos que sejam.

Mahatma Ghandi disse: *"Devemos ser a mudança que queremos ver"*. Esta é a essência da liderança. Como pode o professor esperar que a criança lhe demonstre respeito se ele mesmo não o demonstra à criança?

A ferramenta mais poderosa com a qual contamos para educar nossos filhos é converter-nos em modelo de comportamento. Se a música que ouvimos descreve atos sexuais, se nossos filmes mostram cenas de violência gratuita, se comemos exageradamente e trabalhamos unicamente para conseguir mais progresso material, o que podemos esperar de nossos filhos? Eles repetirão o que nós vivemos e o farão melhor e mais rápido do que nós. Essa é a natureza da juventude.

Para disciplinar nossos filhos, antes devemos disciplinar-nos a nós mesmos. A chave para exercer esta autodisciplina é a auto-regulação, porque nossos filhos nos seguirão onde formos. Devemos começar por conseguir em nós mesmos tudo aquilo que queiramos para nossos filhos.

A LIDERANÇA É UMA FERRAMENTA QUE
PODE FORTALECER OS ADOLESCENTES

Nossos filhos querem ser bons. Esta é uma verdade universal, aplicável a todos os seres humanos.

A Liderança

Infelizmente, nossa cultura popular glorifica tudo que nos faz mal.

Os adolescentes são vorazes consumidores de meios de comunicação corrompidos e tendentes à destruição de todo o bom e o verdadeiro.

Em nosso programa contratamos adolescentes que fazem as funções de assistentes dos instrutores; isso lhes dá uma oportunidade de serem bons e darem exemplo aos menores. Esta oportunidade cria nos adolescentes um sentido de propósito e de missão que substitui a confusão e a incerteza que costumam sentir no processo de maturação até a vida adulta.

As crianças menores admiram nossos adolescentes, ainda que qualquer ação ou palavra imprópria da parte deste, pode acabar com a confiança dos pequenos. Ensinamos aos adolescentes a tomar consciência da enorme responsabilidade que implica "pregar com o exemplo". E essa cadeia de transmissão apenas funciona quando, nós, os adultos, oferecemos aos adolescentes o modelo do que esperamos que eles sejam para as crianças.

O PODER DE DEMONSTRAR AUTOCONTROLE EMOCIONAL, OU DE GUIAR O OUTRO COM O EXEMPLO

Em 1988, tomei um ano sabático das minhas aulas para explorar como se definia a liderança em outras artes marciais. Viajei pelo país (Estados Unidos) durante sete meses e visitei mais de cem escolas de disciplinas orientais. Para ganhar algum dinheiro que me permitisse seguir viajando, trabalhei como garçom em restaurantes de algumas das cidades que visitei.

Em Atlanta estive trabalhando como garçom num restaurante durante uns três meses. O ambiente daquele local era muito caótico. A equipe diretiva era formada por gente jovem e os garçons contratados eram jovens imaturos ou mães solteiras que se esforçavam por sobreviver com o pouco que ganhavam. Era o lugar ideal para aplicar a honestidade das relações.

De vez em quando, a todos os garçons, moços ou moças, tínhamos que servir um cliente mal humorado. Os clientes podiam ter atitudes rudes e ofensivas e às vezes deixavam muito pouca ou nenhuma gorjeta. Trabalhando como garçom, moço ou moça, é fácil sentir-se rejeitado por um cliente altivo, e, cada noite que trabalhei naquele restaurante, vi as reações emocionais de outros garçons diante destes atos de rejeição. Transcorrido um par de semanas, alguns entre os demais garçons, começaram a perguntar-me porque

A Liderança

não me ofendia com alguns clientes que me tratavam mal. Disse-lhes que apenas podia sentir-me rejeitado por um cliente se eu esperasse que ele me aceitasse. O mau comportamento dos clientes não era mais do que isso, mau comportamento. Podia haver muitas razões pelas quais não me davam uma boa gorjeta e uma delas era que podiam estar ofendidos comigo, mas só podia sentir-me rejeitado, se eu esperasse ouvir deles uns parabéns. Quando um cliente era mal educado comigo ou me dizia coisas desagradáveis, tomava três respirações lentas e profundas e obrigava-me a sorrir para controlar e aliviar os sentimentos de recusa que começavam a acumular-se no meu interior. Se sentia que o comentário do cliente era abusivo, dizia-lhe que não me falasse assim. Usava um tom de voz livre de emoção para comunicar-me com o cliente abusivo e dizia-lhe o que esperava ouvir em lugar do comentário abusivo. Os demais garçons mostraram-se interessados em aprender a usar estas técnicas e em pouco tempo começaram a aplicá-las tanto no trabalho como na sua própria casa... quando se lembravam, é claro.

Em poucas semanas começaram a comentar o sucesso que iam obtendo e a pedir-me ajuda para entender que era o que faziam mal, quando alguma das técnicas não funcionava.

Aos dois meses, a maioria dos garçons e alguns dos jovens diretores estavam aplicando estas simples

Sim, mamãe ——————————————— Sim, papai

ferramentas de autocontrole emocional e usando a comunicação direta. O restaurante converteu-se num lugar de trabalho muito mais sereno e sua altíssima taxa de rotação de pessoal desceu radicalmente. Naquele momento dei-me conta de que, se eu podia treinar outros neste método de autocontrole emocional de comunicação simples e direta, eles, por sua vez, podiam influenciar seus familiares, seus amigos e seus companheiros de trabalho. Se um número suficientemente grande de nós usasse estas técnicas, o conjunto da sociedade começaria a mudar. Esta revelação obrigou-me a voltar imediatamente ao ensino das artes marciais.

Capítulo 7

O êxito

A DEFINIÇÃO DO SUCESSO

Ter sucesso em algo é reconhecer o progresso realizado. Habitualmente costuma-se pensar que o sucesso consiste em marcar um objetivo e consegui-lo. Por muito que você possa adquirir ou alcançar, sempre se sentirá insatisfeito consigo mesmo se não for capaz de reconhecer seu progresso no âmbito do que seja importante para si.

Imagine que está escalando uma montanha. Se olhar continuamente para cima, se sentirá desacorçoado ao ver tudo o que lhe falta para ascender. O cimo da montanha parecerá inatingível, a tensão emocional gerada por esta sensação lhe cansará muito mais do que a tensão física da escalada. Olha para trás, observa de onde veio e obtém a prova de que está progredindo: a base da montanha perde-se na distância. Isto o animará a seguir adiante. Em breve chegará ao cume e começará a preparar-se para a ascensão seguinte.

Se formos conscientes do nosso progresso, recordaremos que aplicando as aptidões aprendidas e praticadas, fomos capazes de superar os desafios que até agora se nos apresentaram.

Para a criança que define seu progresso com base no número de notas conseguidas, devemos recordar-lhe que o sucesso se mede por aquilo que se conseguiu não pelo que não conseguiu. Sempre devemos animar a criança a melhorar a si mesma, mas seu sucesso não deve ser medido por seus logros.

A MEDIDA DO SUCESSO

Para poder sobreviver temos três necessidades materiais básicas que precisamos satisfazer. A primeira é a alimentação, a segunda é dispor de um teto e a

O êxito

terceira é cobrir nosso corpo com roupa. Se comermos demasiado, engordamos e, então, nosso coração e nossos pulmões têm que fazer um esforço extra para carregar esses excessos. Quando temos uma casa demasiado grande, temos que dedicar muito tempo e dinheiro a limpá-la e a repará-la. Possuir demasiada roupa provoca a inveja dos demais; limpá-la e mantê-la é muito custoso, além do que nosso traje pode dar-nos uma falsa imagem de nós mesmos. Nos países ocidentais, as necessidades materiais básicas já há muito tempo que foram cobertas pela maioria das pessoas não obstante ainda seguimos apegados à idéia de que nossa valia como pessoa depende de nossas posses.

A verdadeira medida de sua valia está na quantidade de verdade que é capaz de viver na sua vida. A medida do seu sucesso é sua sinceridade de pensamento, de palavra e de obra. Esta verdade se comprova na bondade que demonstra para os demais, na generosidade das suas palavras e ações, em como disciplina suas relações com os demais e consigo mesmo. Não é necessário definir aqui todos os modos nos quais somos chamados a ser sinceros conosco mesmos, você já os sabe. A medida do seu sucesso demonstra-se pelo seu progresso na melhora de si mesmo, por seus progressos por uma vida mais sincera e mais honesta.

EXTRAÍDO DA CARTA DE UM PAI

"Meu filho de 8 anos progrediu muito desde que começou a participar do seu programa. Como sofre da síndrome de Asperger, que é uma forma de autismo, no princípio não podia manter uma boa postura. Olhava o chão enquanto caminhava, porque não controlava seu corpo, nem tinha sentido de espaço. Agora caminha com a cabeça erguida e sua postura melhorou notavelmente. Além do mais, seu tônus muscular era muito débil e raras vezes queria participar de exercícios físicos porque não podia competir com as outras crianças. Este treinamento permitiu-lhe trabalhar no seu próprio ritmo e já não lhe dá medo perder quando compete com outras crianças. O menino avançou anos luz na sua estabilidade emocional. Quando participamos pela primeira vez do seu programa, qualquer dificuldade física ou emocional fazia com que se pusesse a chorar e a rolar no chão. Com a orientação e os conselhos recebidos, agora meu filho é capaz de assimilar melhor o que lhe acontece e já não faz manhas, quando as coisas não saem como *ele quer. Agora convive muito melhor com seus companheiros porque é capaz de controlar suas explosões emocionais. De fato, atualmente meu filho tem amigos. Antes não os tinha porque as demais crianças não entendiam seus problemas emocionais. Seus resultados escolares também melhoraram significativamente. Seus colapsos emocionais já são algo do passado e agora é capaz de comunicar-se muito melhor com os professores e de explicar-lhes que coisas o molestam. Conseqüentemente, na atualidade é possível encontrar uma solução que lhe permita continuar progredindo na sua educação. Sei que esta nova atitude fará que o novo curso escolar seja muito mais fácil para ele, para os professores e para mim."*

A criança à qual se refere esta carta participou do nosso acampamento de verão, "Um Verão transbordante de sucessos". Esteve conosco oito horas diárias. Durante as primeiras seis semanas fechava-se a chorar e se debatia no solo. Trabalhar com ele foi um grande desafio.

Seu progresso foi muito lento, mas constante. Buscando o melhor para ele, mas sem nenhum objetivo nem expectativa, fomos capazes de fazer um acompanhamento dos seus progressos em lugar de prestar atenção às suas dificuldades. Conforme este aluno passava de um nível ao seguinte, os instrutores o ajudaram a comprovar e a medir sua melhora. No final do verão já não chorava nem se recusava a participar. Durante as últimas semanas sentia-se muito feliz, mostrando-se educado e agradável.

Duas coisas possibilitaram esta mudança. A primeira foi um método simples e coerente que o fez mudar de conduta: o método que descrevo neste livro. A segunda foi a habilidade dos instrutores para trabalhar com esta criança sem desenvolver nenhuma reação emocional para com ele.

Capítulo 8

O perdão

Se quiser ter muito êxito na vida também é de esperar que cometa muitos erros. E para sobreviver à culpa que muitos erros geram deve aprender a perdoar-se. Além do que, se não pode perdoar-se, nunca poderá perdoar de coração aos demais, com o que suas relações se acabarão ou estarão sempre submetidas a uma grande tensão.

O perdão é a mensagem de muitas religiões. Quando pensamos em perdoar, costumamos pensar em perdoar outros mais do que em perdoar-nos a nós mesmos, ainda que os maiores danos que sofremos sejam causados por nossas próprias ações e palavras. Desprezamos, castigamos a nós mesmos com muito mais severidade do que poderia chegar a fazê-lo qualquer outra pessoa.

Para poder perdoar, temos que ver nossas emoções tais como são: uma criação da mente, produtos de um conjunto de crenças a respeito de como somos e como deveríamos ser. Nenhum de nós esforça-se para ser mesquinho, mas, às vezes, o somos. Tampouco queremos ser preguiçosos, mas às vezes temos esta atitude. Em algumas igrejas cristãs considera-se que os Dez Mandamentos refletem nossa maneira de ser e alguns cristãos vêem na morte de Cristo o ato de absolvição que perdoa nossa natureza humana, uma mensagem de que não podemos progredir como humanidade até que nos perdoemos a nós mesmos. Em muitas religiões, a chave para obter a iluminação e sentir-nos felizes é aceitar nossa humanidade. Um famoso 'koan' budista (pergunta que se propõe guiar o aluno até a iluminação) questiona: "Quem era eu antes de nascer, quem serei quando tiver partido e quem sou agora?" Para responder a estas perguntas, o aluno deve começar por confrontar sua humanidade.

Negar-nos a nos perdoar a nós mesmos é um mecanismo de defesa que usamos para evitar a dor

O perdão

emocional produzida pela culpa, mas se evitamos a culpa, estamos destinados a sentir os mesmos erros uma e outra vez. Para poder afrontar nossas debilidades, devemos aceitar que somos débeis e que vivemos na dor da culpa. O primeiro passo para perdoar nossos fracassos humanos é conhecer-nos a nós mesmos.

O orgulho é o inimigo do perdão e obriga-nos a recusar nossa humanidade. Leva-nos a sentir-nos acima das nossas fragilidades humanas, negando-nos a reconhecer nossas debilidades. Rebaixar-nos a aceitar a verdade da nossa humanidade é muito difícil porque temos medo de fracassar. Há muitos homens e mulheres que alcançam o grande êxito da sua vida depois de um grande despertar e o despertar quase sempre vem precipitado por algum grande fracasso que o orgulho não pode ignorar.

Quando éramos crianças, animavam-nos a esforçar-nos para sermos independentes, independência que vinha medida por nossa capacidade de decidir como queríamos que fosse nossa própria vida. O modelo de conduta oferecido pelos adultos ensinava-nos que se nos esforçássemos o suficiente, podíamos controlar nosso destino. A frase: *"se pões tua mente nisto, podes conseguir qualquer coisa"* levou muitos de nós à crença errônea de que basta esforçar-se e trabalhar duro para evitar todos os erros e alcançar os maiores sucessos.

Entretanto, o êxito consiste em reconhecer o progresso realizado e não podemos progredir se evitamos tomar consciência de como somos.

O IMPORTANTE NÃO É QUEM VOC É, MAS COMO É VOC

Queremos definir-nos a nós mesmos para chegar a conhecer-nos, contudo, isto é um erro, porque quem somos, o que nos define, depende basicamente da nossa maneira de comportar-nos. De modo que comecemos por ver como nos comportamos.

Nossa maneira de reagir diante do próximo oferece-nos muitas pistas a respeito de nossa forma de ser. Se as fraquezas dos demais o aborrecem muito, isso mesmo contém uma resposta à pergunta de como é você. O prejuízo só nasce do ódio para consigo mesmo. Examina o que você mais odeia nas pessoas que despreza e depois se examine a si mesmo detidamente.

ESQUEÇA SUAS FALHAS

Seus erros são prova de que está vivo e de que você progride. Quanto mais envelhecemos, mais difícil se torna perdoar nossas imperfeições. Observando nossos esforços para ser perfeitos, as crianças aprendem a culpar-se por seus fracassos. Temos que oferecer aos nossos filhos um modelo de conduta mais humano que nos permita aceitar e perdoar nossas falhas quando as tivermos.

APRENDER A PERDOAR MUDOU A MINHA VIDA

O trabalho que faço é muito duro e às vezes me deixa esgotado emocionalmente. O ponto mais difícil desse trabalho é a avaliação constante da minha conduta pessoal, o que me obriga a ver minhas próprias falhas constantemente. O maior perigo surge quando perdemos de vista nossa humanidade e negamos nossas fraquezas. Quando eu completava cinco anos no exercício deste trabalho, disse a uma criança que se calasse. Esta foi uma grande falha do meu autocontrole; senti-me desolado. Escrevi uma carta de renúncia e preparei-me serenamente para deixar tudo e dedicar-me a outra coisa. Esperava ser tão perfeito que, por não conseguir, senti-me em comoção.

Meu instrutor, que é um homem muito sábio e de grande talento, recusou-se a permitir-me abandonar meu emprego, chamando-me de arrogante e orgulhoso. Senti-me confuso e ofendido; pensava que entre todos os meus defeitos não se incluía também a arrogância. Havia dedicado minha vida a servir ao próximo através das artes marciais. Ganhava menos de 10 mil dólares por ano e nem sequer tinha uma casa própria, dormia no chão da sala de artes marciais. Como podia ser orgulhoso e arrogante se me entregava tanto aos outros? Sua resposta mudou minha vida.

"Seu êxito está escrito em cada um dos rostos das crianças a quem ensina. Não pode vê-lo porque está enfocado num pequeno erro." A força dessa observação permitiu-me perdoar-me e aceitar abertamente meu erro. Meu instrutor obrigou-me a fazer um giro de 180 graus, para que pudesse ver de onde vinha em vez de ficar pensando aonde não havia chegado.

Capítulo 9

A verdade e a sinceridade

A verdade vem definida pela natureza do nosso ser. A sinceridade define as leis da nossa natureza e é o caminho que devemos tomar para entender a verdade. A sinceridade define como você é e, sabendo como você é, saberá quem e como é você.

Na raiz de todo sofrimento está a separação entre a pessoa e a sua verdade. Como conseqüência da nossa separação da verdade, nosso limitado entendimento humano obriga-nos a usar um vocabulário que divide todas as nossas experiências em duas categorias: boas e más.

Na natureza do universo não existem as emoções; somente as necessitamos para sobreviver fora dele. A vontade humana desafia a lei natural, quando tenta controlá-la. As emoções são contrárias à necessidade, de modo que a chave para viver sinceramente é aprender a controlar nossas emoções.

Quando ocorre algo que satisfaz nossos desejos e expectativas, entendemos que este acontecimento é bom. Quando ocorre algo não desejado, sentimos que é mal. Não podemos reduzir a natureza da existência humana a "bom" e "mal", devemos defini-la, como simplesmente "ser".

Suponhamos que uma criança vá correndo por uma calçada, tropece e caia, faz um corte no joelho. A dor física vem e se vai rapidamente, mas o medo produzido pela queda e pela visão do sangue causa na criança uma dor emocional que poderia durar toda a vida. A verdade desta experiência é que a criança cortou-se no joelho e sentiu dor física. É certo que o medo pode fazer com que seja mais cuidadoso no futuro.

Nossas dificuldades para entender a verdade acabam com muitas relações, pois traduzimos as palavras e os atos na linguagem dualista das emoções.

A verdade e a sinceridade

Amor e ódio, felicidade e tristeza, gosto e desgosto são palavras que podem frustrar-nos e confundir-nos. Para derrotar as emoções que ameaçam fracassar nossas relações devemos usar a arma da sinceridade.

A sinceridade nas relações parte da confiança em nós mesmos. Se temos de nós uma pobre imagem, nos apoiaremos muito na aceitação dos demais como confirmação da nossa valia. No caso de um homem com baixa auto-estima, seguramente que sua companheira terá de dar-lhe segurança constantemente, demonstrando-a às vezes como possessividade e às vezes como paranóia, para fazer que ele se sinta valioso. Os ciúmes do homem e seu constante temor de que sua parceira possa deixá-lo são um sinal claro da sua dependência emocional. Se a pessoa melhora sua auto-imagem, poderá deixar de alimentar suas emoções através desse veículo e buscar e encontrar sinceridade na relação.

Quando sintir uma emoção no seu coração, busque a raiz. Se estiver aborrecido, pergunte-se o que lhe disseram ou o que lhe fizeram e como isto distorceu sua auto-imagem. O aborrecimento é uma reação defensiva do ego para proteger sua auto imagem?

Quando se sentir envergonhado, saiba se o que o envergonha põe em questão o seu ego e o que acredita de si mesmo. Se for assim, procure ver-se como é e aceitar-se; esta aceitação é a sinceridade.

Sim, mamãe ——————————————— Sim, papai

"SE CAIR VOLTE A POR-SE EM PÉ E CONTINUE CORRENDO."

Na aula, costumo pedir às crianças que corram. Quando uma criança está começando um programa e cai enquanto corre, o habitual é que olhe para os seus pais para ver sua reação. Se a criança vê que seus pais estão olhando-a e parecem preocupados, se porá a chorar imediatamente e correrá para eles. Se não vê seus pais ou se eles não estão olhando para ela naquele momento, volta a por-se de pé rapidamente e continua correndo. O chão está recoberto por esteiras de segurança, de modo que raras vezes se produz uma lesão que obrigue uma criança a parar.

Quando vejo que uma criança cambaleia, digo-lhe: "se cair, volte a por-se em pé e continue correndo." Isto a distrai e a reorienta para o fato de continuar correndo, evitando a necessidade de deter-se e sentir dor emocional. Se me aproximar deles demonstrando que sinto medo (algo natural nos pais quando vêem seus filhos caírem) associariam a queda com o medo. Em poucas semanas de aulas, os alunos têm uma compreensão sincera da dor física que sentem quando vão correndo e caem.

Capítulo 10

A comunidade

Nossas vidas são demasiado complicadas para vivê-las na solidão. As relações com nossos amigos, familiares e vizinhos ampliam e potencializam nossas capacidades. E apesar do que possamos pensar, temos necessidade do reconhecimento dos demais. Inclusive a pessoa mais negativa e anti-social busca o reconhecimento dos seus iguais e da comunidade onde vive através dos seus lucros em diversos campos e das suas posses materiais. Independentemente do que um indivíduo possa declarar, no fundo de si esforça-se por conseguir reconhecimento e aceitação.

Construir relações sadias requer disciplina e controle emocional.

Comunicar nossos desejos e nossas necessidades de um modo claro e apropriado permite-nos receber o reconhecimento de que necessitamos para sentir-nos contentes numa relação. A confiança, surgida da habilidade real e dos êxitos obtidos, permite-nos construir uma relação baseada num verdadeiro compartilhar.

Compartilhar não é dar mais do que podemos permitir-nos dar. Devemos reconhecer que, para poder cuidar de outros, primeiro temos que cuidar de nós mesmos. Não é egoísmo, mas a garantia de que seremos capazes de compartilhar sem ciúmes nem avareza. A pessoa que põe os demais acima de si mesma faz isto por egoísmo. Está tentando provar sua bondade aos demais. Se esta pessoa não conhece sua própria bondade, por mais que se sacrifique pelos outros não conseguirá convencer-se a si mesma que é boa. Albergará ressentimento de todos pelos que se sacrificou e suas relações não serão sinceras.

A Mãe Teresa apenas se entregou completamente ao serviço do próximo depois de cuidar de si mesma. Manteve intacta sua relação com Deus, que sempre foi prioritária em relação aos milhões de pessoas às quais servia. Somente compartilha seu amor por Deus depois de ela estar plena deste amor.

A comunidade

O CENTRO DE ARTES ASIÁTICAS

Em 1998, assumi sob minha responsabilidade uma escola de artes marciais que estava fracassando comercialmente, prestando um favor a um outro instrutor. O acordo era que o dono me daria apoio econômico até que eu pudesse rentabilizar a escola, mas desapareceu pouco depois de eu ter assumido o controle, deixando-me uma montanha de contas para pagar e praticamente sem alunos. Poderia ter renunciado quando o dono me deixou, mas como sou solteiro e os desafios me agradam pus mãos à obra. Levei alguns anos cultivando uma imagem de como queria que fosse uma comunidade de artes marciais e senti que, para servir a comunidade local, o corpo estudantil deveria ser composto pela mesma proporção de alunos ricos, de classe média e de pobres, conforme os habitantes da própria comunidade local.

Quis encher a escola de alunos de todas as classes sociais para que pudessem encontrar-se na classe e se olharem os uns aos outros nos olhos. O muro que bloqueia a comunicação entre as classes sociais está muito relacionado com a maneira que temos de julgarnos uns aos outros. Comparamos nossa experiência de vida com o que acreditamos saber dos demais. Por exemplo, poderíamos dizer: "Trabalho muito e mal consigo sair adiante. Não me agrada ter que pagar impostos para alguém que não é capaz de procurar um emprego". Ou, "Como podem estes adolescentes trazer mais vidas ao mundo quando nem sequer conseguem manter-se a si mesmos?" Estes comentários são julgamentos que lançamos contra outra ou outras pessoas, baseando-nos na idéia de uma experiência comum à maioria das pessoas.

A mim, porém, agrada-me pensar noutros termos: se visse uma criança chorando porque tem fome, a alimentaria. Não obstante, quando se trata de mãe viciada e que é incapaz de alimentar seu bebê, nós encolhemos os ombros e pensamos que a mãe não deve amar suficientemente seu filho, para deixar as drogas e procurar um emprego. Se quiser salvar o bebê, há duas coisas importantes de que deve lembrar-se. A primeira é que o bebê continua tendo fome e precisa ser alimentado, independente do que pense da mãe.

A segunda é, que a mãe deve-se tratar isto é que o bebê crescerá seguindo os passos da sua mãe, seguirá seu mesmo caminho. A falha está no modelo de vida que o bebê vê e aprende.

Com o tempo fui capaz de compreender muito bem a comunidade local e a prova do meu êxito chegou muito rápido.

A comunidade

Tínhamos no programa um grande número de crianças adotadas e um grupo de crianças procedentes de famílias de baixos rendimentos. Os distintos grupos de pais encontravam-se na escola e falavam do que faziam seus filhos em sala de aula. Eu esperava que alguns pais distribuíssem a roupa que se tornara pequena para seus filhos e comprassem comida de vez em quando, para as famílias necessitadas. O que me surpreendeu, porém, é que alguns pais converteram-se em mentores de outros pais.

Os pais encontravam-se na escola, quando levavam seus filhos para a aula, e logo se dirigiam até um centro comercial próximo onde se sentavam para tomar café e papear. Falavam de suas experiências de ser pais e animavam a uma jovem mãe a estudar e conseguir uma graduação escolar para ter um futuro melhor, prometendo-lhe que a ajudariam a estudar.

As crianças juntavam-se para irem brincar no parque local ou no zoológico. Os pais observando o comportamento das crianças, as mudanças radicais no comportamento dos seus filhos, lhes ajudaram a reconsiderar tudo o que seus filhos aprendiam em sala de aula.

Capítulo 11

A visão

Por muito que se esforcem, nossos políticos não podem legislar a moralidade.

O escritório de Políticas para o Controle Nacional de Drogas, um órgão governamental norte-americano dirigido pelo nosso "Tzar das drogas", gasta centenas de milhões de dólares anuais em programas que não detêm nem impedem o uso de drogas ilícitas.

Os anúncios em painéis publicitários, revistas, rádio e televisão, assim como os programas deste órgão, têm boas intenções, mas demonstraram ser ineficazes. E a causa deste fracasso é que seus métodos não podem mudar a conduta das pessoas às quais são dirigidos. É ridículo dizer que "ainda que apenas uma pessoa se salvasse estes programas já valeriam a pena", quando se está gastando uma enorme quantidade de dinheiro.

Os métodos descritos neste livro mudam a conduta. Se você muda a conduta de uma criança, essa criança influenciará positivamente alguns dos seus amigos e familiares. Se ensinar 10 crianças você estará atingindo 100 e 100 crianças podem produzir uma mudança em toda a escola. Continue aumentando a difusão deste programa e mudará a sociedade num breve período de tempo. Duas ou três gerações depois teremos aprendido a falar uns aos outros com sinceridade e respeito. E em 20 anos estaremos esforçando-nos por acumular conhecimentos e experiências da verdade que alimentarão nossas almas, em lugar de acumular bens materiais e riquezas que só alimentam nossas emoções.

O Mestre Choi disse-me certa vez que o problema nas relações paternais é que os filhos, na sua maioria, crescem sendo educados por profissionais, babás etc. e os pais deixam de fazê-lo. Então a comunicação tão importante nessa fase da vida, se corta. Use este livro para ajudar seus filhos a crescerem; isto aumentará sua fé. Confiará quando chegar a prova do seu êxito escrita no rosto dos seus filhos. Quando perceber que você mesmo tem que crescer, o que é necessário para manter-se adiante de seu filho quando está crescendo, necessitará de toda a confiança que tenha podido acumular para seguir adiante. E quando não sintir a suficiente confiança em si mesmo, deverá confiar no poder da fé que seus filhos depositaram em você.

Cresce com seus filhos, e o vínculo existente entre vocês os reunirá pela verdade do amor. Neste livro não definimos o amor e esta indefinição é intencional. Pude descrever o que aprendi a respeito da comunicação, do autocontrole e da concentração, mas não a respeito do amor. O amor está no centro da verdade, de modo que apenas se pode encontrar o amor quando se vai buscar a verdade. Quando nasce uma criança, os pais costumam experimentar algo muito mais poderoso do que uma emoção, algo que não podem definir com a linguagem das emoções. Ter um filho exige viver sinceramente para poder dar-lhe amor, porém, não encontrará o amor no final da sua busca; é o caminho que percorrerá que o ensinará acerca do amor.

Sim, mamãe ——————————————————— Sim, papai

De esquerda à direita: Mestre Choi, Elizbeth Haley, Charlie Haley, Thiele Schroeder, Matt Pasquinilli e Kingsley Schroeder.

Sobre o Autor

Matt Pasquinilli foi professor de artes marciais durante mais de 10 anos.

Trabalhou com crianças que sofriam todo tipo de problemas físicos e emocionais e está especializado em ajudar crianças com desordem de déficit de atenção (DDA) e desordem de déficit de atenção por hiperatividade (DDAH) a controlarem-se a si mesmas sem uso de medicamentos que alterem seu estado de ânimo e sua química corporal.

Em março do ano 2000, o Senhor Pasquinilli ajudou a fundar o Centro de Artes Asiáticas, uma organização sem fins lucrativos. A organização, que tem sua sede em Dayton, Ohio, oferece programas para formar o caráter das crianças e desenvolver a liderança em escolas privadas e públicas. No ano escolar 2000 – 2001, a Universidade de Winconsin em Madison desenvolveu um estudo sobre a eficácia dos programas do Centro de Artes Asiáticas. Os resultados do referido estudo foram publicados em revistas especializadas e em diversos periódicos de informação geral no outono de 2001. Os informativos realizados mostram que este método produz melhoras importantes em áreas como a auto-estima, a confiança e a capacidade de concentração.

impressão e acabamento:

EXPRESSÃO & ARTE GRÁFICA
Fones: (11) 3951-5240 / 3951-5188
E-Mail: expressaoearte@terra.com.br